AF487563

PEOPLE
I
Just,
can't
stand!

PEOPLE I Just can't stand!

WHY?

Personal Thoughts

PEOPLE I Just can't stand!

WHO?

WHY?

Personal Thoughts

PEOPLE I Just, can't stand!

WHO?

WHY?

Personal Thoughts

PEOPLE I Just can't stand!

WHY?

WHO?

Personal Thoughts

PEOPLE I Just can't stand!

WHY?

WHO?

Personal Thoughts

PEOPLE I Just, can't, stand!

WHO?

WHY?

Personal Thoughts

PEOPLE I Just, can't, stand!

WHY?

WHO?

Personal Thoughts

PEOPLE I Just can't stand!

WHO?

WHY?

Personal Thoughts

PEOPLE I Just can't stand!

WHY?

WHO?

Personal Thoughts

PEOPLE I Just can't stand!

WHO?

WHY?

Personal Thoughts

PEOPLE I Just can't stand!

WHO?

WHY?

Personal Thoughts

PEOPLE I Just can't stand!

WHO?

WHY?

Personal Thoughts

PEOPLE
I
Just,
can't
stand!

WHY?

WHO?

Personal Thoughts

PEOPLE I Just, can't stand!

WHO?

WHY?

Personal Thoughts

PEOPLE I Just can't stand!

WHO?

WHY?

Personal Thoughts

PEOPLE I Just can't stand!

WHY?

WHO?

Personal Thoughts

PEOPLE
I
Just, can't stand!

WHY?

WHO?

Personal Thoughts

PEOPLE I Just, can't stand!

WHO?

WHY?

Personal Thoughts

PEOPLE I Just can't stand!

WHO?

WHY?

Personal Thoughts

PEOPLE I Just can't stand!

WHY?

WHO?

Personal Thoughts

PEOPLE
I
Just, can't stand!

WHY?

WHO?

Personal Thoughts

PEOPLE I Just, can't stand!

WHO?

WHY?

Personal Thoughts

PEOPLE I Just can't stand!

WHY?

WHO?

Personal Thoughts

PEOPLE I Just, can't stand!

WHO?

WHY?

Personal Thoughts

PEOPLE I Just can't stand!

WHY?

Personal Thoughts

PEOPLE I Just, can't stand!

WHY?

WHO?

Personal Thoughts

PEOPLE I Just can't stand!

WHY?

WHO?

Personal Thoughts

PEOPLE I Just can't stand!

WHO?

WHY?

Personal Thoughts

PEOPLE I Just, can't stand!

WHY?

WHO?

Personal Thoughts

PEOPLE I Just can't stand!

WHO?

WHY?

Personal Thoughts

PEOPLE I Just can't stand!

WHO?

WHY?

Personal Thoughts

PEOPLE I Just can't stand!

WHO?

WHY?

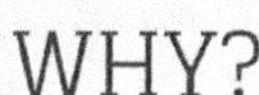

Personal Thoughts

PEOPLE
I
Just, can't stand!

WHY?

WHO?

Personal Thoughts

PEOPLE I Just can't stand!

WHO?

WHY?

Personal Thoughts

PEOPLE I Just can't stand!

WHO?

WHY?

Personal Thoughts

PEOPLE I Just can't stand!

WHY?

WHO?

Personal Thoughts

PEOPLE I Just can't stand!

WHY?

Personal Thoughts

PEOPLE I Just, can't stand!

WHY?

WHO?

Personal Thoughts

PEOPLE I Just, can't stand!

WHY?

WHO?

Personal Thoughts

PEOPLE I Just can't stand!

WHY?

WHO?

Personal Thoughts

PEOPLE I Just can't stand!

WHY?

WHO?

Personal Thoughts

PEOPLE I Just, can't stand!

WHO?

WHY?

Personal Thoughts

PEOPLE I Just, can't stand!

WHY?

WHO?

Personal Thoughts

PEOPLE I Just can't stand!

WHO?

WHY?

Personal Thoughts

PEOPLE I Just can't stand!

WHY?

WHO?

Personal Thoughts

PEOPLE I Just can't stand!

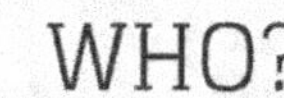

WHY?

Personal Thoughts

PEOPLE I Just can't stand!

WHY?

WHO?

Personal Thoughts

PEOPLE I Just can't stand!

WHY?

WHO?

Personal Thoughts

Personal Thoughts

PEOPLE I Just, can't stand!

WHO?

WHY?

Personal Thoughts

PEOPLE I Just, can't, stand!

WHY?

WHO?

Personal Thoughts

PEOPLE I Just can't stand!

WHO?

WHY?

Personal Thoughts

PEOPLE I Just can't stand!

WHY?

WHO?

Personal Thoughts

PEOPLE I Just can't stand!

WHY?

WHO?

Personal Thoughts

PEOPLE I Just can't stand!

WHY?

WHO?

Personal Thoughts

PEOPLE I Just, can't stand!

WHO?

WHY?

Personal Thoughts

PEOPLE I Just can't stand!

WHY?

WHO?

Personal Thoughts

PEOPLE I Just, can't stand!

WHO?

WHY?

Personal Thoughts

PEOPLE I Just can't stand!

WHY?

WHO?

Personal Thoughts

PEOPLE I Just can't stand!

WHO?

WHY?

Personal Thoughts

PEOPLE I Just can't stand!

WHY?

WHO?

Personal Thoughts

PEOPLE I *Just, can't stand!!*

WHY?

WHO?

Personal Thoughts

PEOPLE I Just can't stand!

WHY?

WHO?

Personal Thoughts

PEOPLE
I
Just, can't stand!

WHO?

WHY?

Personal Thoughts

PEOPLE I Just can't stand!

WHO?

WHY?

Personal Thoughts

PEOPLE I Just can't stand!

WHO?

WHY?

Personal Thoughts

PEOPLE I Just can't stand!

WHY?

WHO?

Personal Thoughts

PEOPLE I Just, can't stand!!

WHO?

WHY?

Personal Thoughts

PEOPLE
I
Just can't stand!

WHY?

Personal Thoughts

PEOPLE
I
Just, can't stand!

WHY?

WHO?

Personal Thoughts

PEOPLE I Just, can't stand!

WHY?

WHO?

Personal Thoughts

PEOPLE I Just can't stand!

WHO?

WHY?

Personal Thoughts

PEOPLE I Just, can't stand!

WHY?

Personal Thoughts

WHY?

WHO?

Personal Thoughts

PEOPLE I Just, can't stand!

WHY?

WHO?

Personal Thoughts

PEOPLE I Just can't stand!

WHY?

WHO?

Personal Thoughts

PEOPLE
I
Just, can't, stand!

WHY?

WHO?

Personal Thoughts

PEOPLE I *just, can't, stand!*

WHY?

WHO?

Personal Thoughts

PEOPLE I Just can't stand!

WHO?

WHY?

Personal Thoughts

PEOPLE I Just can't stand!

WHY?

WHO?

Personal Thoughts

PEOPLE I Just can't stand!

WHY?

WHO?

Personal Thoughts

PEOPLE I *Just, can't, stand!*

WHY?

WHO?

Personal Thoughts

PEOPLE I Just can't stand!

WHY?

WHO?

Personal Thoughts

PEOPLE I Just can't stand!

WHO?

WHY?

Personal Thoughts

PEOPLE I Just can't stand!

WHO?

WHY?

Personal Thoughts

PEOPLE I Just can't stand!

WHO?

WHY?

Personal Thoughts

PEOPLE I Just can't stand!

WHO?

WHY?

Personal Thoughts

PEOPLE I Just can't stand!

WHY?

WHO?

Personal Thoughts

PEOPLE I Just can't stand!

WHY?

WHO?

Personal Thoughts

PEOPLE I Just can't stand!

WHO?

WHY?

Personal Thoughts

PEOPLE I Just can't stand!

WHY?

WHO?

Personal Thoughts

PEOPLE I Just can't stand!

WHY?

Personal Thoughts

PEOPLE I Just can't stand!

WHY?

WHO?

Personal Thoughts

PEOPLE
I
Just, can't stand!

WHO?

WHY?

Personal Thoughts

PEOPLE I Just can't stand!

WHO?

WHY?

Personal Thoughts

PEOPLE I Just can't stand!

WHY?

WHO?

Personal Thoughts

PEOPLE I Just can't stand!

WHY?

WHO?

Personal Thoughts

PEOPLE I Just can't stand!

WHY?

WHO?

Personal Thoughts

PEOPLE I Just can't stand!

WHO?

WHY?

Personal Thoughts

PEOPLE I Just, can't stand!

WHO?

WHY?

Personal Thoughts

PEOPLE I Just can't stand!

WHY?

WHO?

Personal Thoughts

PEOPLE I Just can't stand!

Personal Thoughts

PEOPLE I Just, can't stand!

WHY?

WHO?

Personal Thoughts

PEOPLE I Just, can't, stand!

WHY?

WHO?

Personal Thoughts

PEOPLE I Just can't stand!

WHY?

WHO?

Personal Thoughts

PEOPLE I Just, can't, stand!

WHO?

WHY?

Personal Thoughts

PEOPLE I Just can't stand!

WHY?

WHO?

Personal Thoughts

PEOPLE
I
Just, can't stand!

WHO?

WHY?

Personal Thoughts

PEOPLE I Just can't stand!

WHO?

WHY?

Personal Thoughts

PEOPLE I Just, can't stand!

WHO?

WHY?

Personal Thoughts

PEOPLE I Just can't stand!

WHY?

WHO?

Personal Thoughts

PEOPLE I *Just can't stand!*

WHO?

WHY?

Personal Thoughts

PEOPLE I Just can't stand!

WHO?

WHY?

Personal Thoughts

PEOPLE I Just, can't stand!

WHY?

WHO?

Personal Thoughts

PEOPLE I Just, can't stand!

WHO?

WHY?

Personal Thoughts

PEOPLE I Just can't stand!

WHO?

WHY?

Personal Thoughts

PEOPLE
I
Just, can't stand!

WHY?

WHO?

Personal Thoughts

PEOPLE I Just can't stand!

WHO?

WHY?

Personal Thoughts

PEOPLE I Just can't stand!

WHO?

WHY?

Personal Thoughts